György Dalos

Kriegsrecht in Polen
1981–1983

Deutsche Bearbeitung
von Elsbeth Zylla

Inhaltsverzeichnis

Eine Nacht und ein Tag

Es war kalt an jenem Samstag, dem 12. Dezember 1981. Das Thermometer zeigte minus 10 Grad Celsius, und ganz Polen war mit Schnee bedeckt. Voller Vorfreude erwartete man eine weiße Weihnacht, und alle hatten bereits die nötige Bereitschaft entwickelt, zugunsten des Festes stundenlang vor den Lebensmittelläden Schlange zu stehen, um die wichtigsten Einkäufe tätigen zu können. Maciej Rayzacher, ein populärer Schauspieler und Sympathisant der Opposition, saß am späten Abend in Warschau mit seiner Familie zu Hause, als es plötzlich klingelte. Viele Jahre später erinnerte er sich: „Ich öffnete und sah meinen ständigen ‚Schatten‘ von der Staatssicherheit sowie einen Polizisten mit einer Brechstange. Meine Frau, die unseren kleinen Sohn Mateusz auf dem Arm hatte, fragt: ‚Genossen, was hat er Böses getan?‘ – ‚Keine Sorge, Pani Jola, ihr Mann kommt gleich zurück,‘ antwortet mein ‚Agent‘. Man führt mich ins Gefängnis Białołęka. In einer leeren Einzelzelle mit herausgebrochenem Fenster weckt mich um sechs Uhr morgens der Lautsprecher, der General verkündet den Kriegszustand."

Der Samisdat-Verleger Witold Sielewicz war ebenso arglos wie der Schauspieler: „Das sah echt alles schrecklich aus, obwohl ich mit so etwas gerechnet hatte, aber ähnlich wie meine Freunde hatte ich gedacht, dass es erst nach den Feiertagen, im neuen Jahr soweit kommen würde. Abends nach der Sichtung unseres Bücherlagers war ich unterwegs nach Hause. Da sah ich ein paar Leute, die vor dem Lebensmittelladen standen. Ich sagte mir: Das ist unwahrscheinlich, denn morgen ist Sonntag, und die Geschäfte sind geschlossen. Aber da gingen die Männer auf mich los." Auch er übernachtete in Białołęka.

Die Regisseurin Agnieszka Holland hingegen hatte Polen schon Anfang Dezember mit dunklen Vorahnungen verlassen. Es ging um die Präsentation ihres Films „Provinzielle Schauspieler" in Schweden. „Am 16. Dezember sollte mein Mann mit unserer Tochter nachkommen, Weihnachten wollten wir bei Verwandten in Göteborg verbringen – in Polen waren die Geschäfte leer. Auf dem Bahnhof erwartete mich mein Cousin. ‚Was glaubst du, was wird werden?' fragte er mich. ‚Finis Poloniae'[1], war meine Antwort. Unterwegs zu ihm nach Hause plapperte ich pausenlos und hörte erst damit auf, als wir im Fernsehen die Panzer auf den Straßen von Warschau erblickten." Die ersehnte Familienzusammenführung fand erst später statt, dann bereits im französischen Exil.

An demselben Wochenende, schon am Freitagmorgen, begann eine ausgedehnte interne Sitzung des führenden Gremiums der Gewerkschaft Solidarność in der Danziger Lenin-Werft. Die Nationale Kommission der Gewerkschaft sprach über die ungemein angespannte Lage und konnte trotz langer Verhandlungen zu keinem Konsens gelangen, welche Taktik nun zu verfolgen sei. Gemäßigtere Mitglieder und Berater plädierten für Verhandlungen mit dem Regime, radikalere sprachen sich für einen Generalstreik aus und forderten sogar den Sturz der Regierung. Der Vorsitzende von Solidarność, Lech Wałęsa, hatte Schwierigkeiten, sich zu positionieren und saß zwischen allen Stühlen. Bereits am Samstag kamen die ersten Nachrichten über Truppenbewegungen und die Verhaftung einzelner Aktivisten. Später am Abend, nach 22:00 Uhr, wurden die Telefon- und Telex-Verbindungen gekappt. Daraufhin erklärte der Vorsitzende die ohnehin wenig zielführende Debatte für beendet. Die meisten Beteiligten aus anderen Landesteilen begaben sich in ihre Hotels in Gdańsk und Sopot, wo sie bereits von Sondereinheiten des Innenministeriums mit einem Haftbefehl erwartet wurden.

---

1   Das Ende Polens.

Panzer auf den Straßen während des Kriegsrechts.

Lech Wałęsa beeilte sich, zu seiner Familie zu kommen, zu seiner Frau Danuta und der großen Kindersschaar. Kaum war er angekommen, klingelte es an der Tür. Es erschien der Kreisparteisekretär Tadeusz Fiszbach mit dem Danziger Wojewoden Jerzy Kolodziejski. Sie waren ausnehmend höflich und baten Wałęsa, sie nach Warschau zu begleiten, um dort mit dem Armeegeneral Wojciech Jaruzelski zu sprechen. Als Wałęsa sich weigerte, holte man die Polizei, wiederum mit einer Brechstange ausgestattet, die offenbar das Markenzeichen der ganzen Operation war. Lech Wałęsa entschloss sich daraufhin, lieber die zivile Variante zu akzeptieren, obwohl auch diese eine Art Verhaftung bedeutete. Bezeichnenderweise verfiel Danuta, immerhin Mutter von sechs Kindern und schwanger mit dem siebten, nicht in Panik. „Man mag mir glauben oder nicht", schrieb sie in ihren Memoiren, „aber in jener Nacht interessierte mich nicht wirklich, was vor sich ging. Sie sind gekommen, haben meinen Mann abgeholt und sind mit ihm ins Unbekannte gereist. Na und, man hatte ihn schon früher mehrmals festgenommen."

„Kriegsrecht", so hieß das Wort, das um sechs Uhr morgens durch die Lautsprecher der Zellen von Białołęka tönte, ein Wort, das in politischen Gesprächen immer wieder aufgetaucht war, aber in den Ohren von Normalbürgern fremd klang. So erzählte Ewa Tomaszewska, eine Aktivistin der Solidarność, folgenden kuriosen Fall: „Eine Bekannte, eine alte Dame, wollte an diesem Tag aus Warschau wegreisen. Sie ging zum Bahnhof und sah dort die Militärs, die den Weg zu den Gleisen versperrten. Als man ihr erklärte, es sei das Kriegsrecht proklamiert worden, fiel ihr der Koffer aus der Hand, und sie fragte: ,Entschuldigen Sie, aber wer hat uns angegriffen'?".

„Stan wojenny", Kriegsrecht, nannten es die Medien. Das Volk verkürzte es zu „wojna", Krieg – oder sagte „wojna polsko-jaruzelska", der polnisch-jaruzelskische Krieg. Der Armeegeneral, der dem eigenen Volk den Krieg erklärt hatte, zeigte sich auf dem Bildschirm des staatlichen Fernsehens in Uniform mit vollem Ornat. Dazu trug er eine schwarze Sonnenbrille, eine Äußerlichkeit, die weltweit direkte Assoziationen mit dem chilenischen General Augusto Pinochet hervorrief. Allerdings hatte Jaruzelskis Brille einen traurigen Hintergrund: Der junge Mann aus polnischem Adel wurde 1940 samt seiner Familie von der Roten Armee nach Sibirien deportiert. Als Folge der dortigen Zwangsarbeit erkrankte er an chronischer Schneeblindheit. Trotz dieses düsteren Vermächtnisses entschied er sich nach seiner Freilassung in Polen zu einer kommunistischen Offizierskarriere, deren Gipfel er an jenem kalten Putschsonntag erklomm. Er war eine tragische Figur, von der kein Foto mit lächelndem Gesicht zugänglich ist.

Klassenkampf auf Polnisch

Große Streiks und darauf folgende gewaltsame Konflikte waren nichts Neues in der polnischen Nachkriegsgeschichte. Ende Juni 1956 brach in Poznań ein Streik der Werktätigen des Metallkombinats „Josef Stalin" aus. Vordergründig ging es um eine unangekündigte Kürzung der Gehälter, aber aufgrund der in Moskau gerade beginnenden „Entstalinisierung" gewann der Protest schnell eine politische Dimension. Der Aufmarsch von 100 000 Menschen ließ die Parteiführung erschaudern. Sie mobilisierte 10 000 Soldaten, 359 Panzer, 31 Panzerkanonen und 36 gepanzerte Fahrzeuge gegen die unbewaffneten Demonstranten. Das Ergebnis waren 56 Tote und 600 Verletzte unter den Protestierenden, aber auch die zahlreichen Opfer bei Soldaten, Polizisten und Mitarbeitern der Sicherheitsorgane vertieften nun die Kluft zwischen Staatsmacht und Gesellschaft. Die sowjetischen Patrone versuchten zu retten, was noch zu retten war, gewährten großzügige Sofortkredite und lieferten große Mengen an industriellen Rohstoffen. Gleichzeitig sahen sie ein, dass eine rasche Wachablösung der Herrschaftsspitze vonnöten war und erlaubten die Rückkehr des früher als „nationalistischen" Abweichler verdammten Parteiführers Władysław Gomułka, der in der Folge eine Zeit lang als Hoffnungsträger galt.

Vierzehn Jahre später, am 12. Dezember 1970, verordneten die polnischen Machthaber massive Preiserhöhungen für insgesamt 45 Produkte, darunter Fleisch, Fisch, Nudeln, Marmelade, Textilien und Schuhe – all das im Vorfeld der Einkäufe für das Weihnachtsfest. In diesem Fall begann der Aufruhr in den Küstenstädten Gdańsk, Gdynia, Słupsk Elbląg und Szczecin. Auch diesmal blieb es nicht bei Arbeitsniederlegungen, die Demonstrationen liefen unter Slogans wie „Wir wollen Brot!"

und „Zurück zu den alten Preisen!" Die Parteiführung sprach von „Konterrevolution" und setzte extreme Gewalt ein: 27 000 Soldaten, 550 Panzer, 750 Panzerwagen, 100 Hubschrauber und Flugzeuge, Tränengas und Wasserwerfer. Die Opferzahlen und die Verluste waren weit höher als in Poznań 1956: Es gab mehr als 40 Tote, Tausende von Verletzten, brennende Parteihäuser und Behördensitze, zertrümmerte und geplünderte Läden. „Brüderliche Hilfe" wie in Prag 1968 stand nicht zur Debatte. Auf Vorschlag Moskaus wurden die Preiserhöhungen rückgängig gemacht. Władysław Gomułka und seine direkte Gefolgschaft wurden vom Zentralkomitee der Partei abgelöst, und der ehemalige Bergmann Edward Gierek, Parteichef der Wojewodschaft Katowice, wurde zum Ersten Sekretär der Partei erkoren. So wurde Weihnachten 1970 zwar in letzter Sekunde gerettet, aber der 17. Dezember, das erste Blutvergießen in Gdańsk, galt von nun an inoffiziell als nationaler Trauertag. Die Symbolik der Geschichte wollte, dass aus diesem tragischen Ereignis zwei Gestalten bleibend herausragten: der Verteidigungsminister Wojciech Jaruzelski (1923–2014), der sowohl an dem blutigen Unterdrückungsversuch als auch an der friedlichen Lösung des Konflikts beteiligt gewesen war, und der damals noch völlig unbekannte 27-jährige Elektriker Lech Wałęsa, der in Gdańsk die Führung des Streikkomitees innehatte.

Streik war und ist jederzeit und überall das effektivste Mittel der Arbeiterbewegung, um ökonomische und soziale Ziele wie Lohnerhöhungen und Verbesserung der Arbeitsbedingungen gegenüber privaten oder öffentlichen Arbeitgebern durchzusetzen. Bei besonders scharfen Kollisionen erstreckte sich der Ausstand auf ganze Branchen und nahm als allgemeiner Streik eine politische Form an. Jedenfalls diente die Suspendierung der Produktion neben den direkten Zielsetzungen auch der Steigerung des Kollektivbewusstseins der Lohnabhängigen, wie es in Georg Herweghs „Bundeslied" hieß: „Mann der Arbeit, aufgewacht!/ Und erkenne deine Macht!/ Alle Räder stehen still, / Wenn dein starker Arm es will." Zudem

Stettin, Dezember 1970, streikende Werftarbeiter.

konnte sich die Arbeiterschaft der freien Welt in ihren Bestre-
bungen auf mächtige Gewerkschaften, Betriebsräte und auch
politische Kräfte stützen, so auf die von der UdSSR auch fi-
nanziell geförderten kommunistischen Parteien, die in einigen Ländern, zum Beispiel in Frankreich und Italien, über eine
starke parlamentarische und kommunale Präsenz verfügten.

In allen Jahrzehnten nach dem Zweiten Weltkrieg flammten in den westlichen Staaten Streikwellen auf, die wiederum in den sowjetischen und osteuropäischen Medien solidarisch aufgenommen und als Erfolge des Klassenkampfs gerühmt wurden. Anders als die westlichen Demokratien definierten sich die sozialistischen Systeme als Arbeitermacht, die per se für sämtliche Interessen der Lohnabhängigen zuständig war und deshalb jede autonome Regung derselben als überflüssig erachtete, wenn nicht gar als „konterrevolutionär" anprangerte. In manchen Punkten konnte diese Sichtweise sogar überzeugend wirken, etwa in Anbetracht der Vollbeschäftigung oder der guten Bildungschancen von Jugendlichen aus proletarischem Milieu. Außerdem berief sich die kommunistische Elite auf ihre sozialistischen Ideale und Symbole. Die Danziger Werft trug den Namen „Lenin", die in Gdynia hieß „Pariser Kommune", und der entsprechende Betrieb in Szczecin wurde nach Adolf Warski benannt, dem ursprünglich sozialdemokratischen, später kommunistischen Arbeiterführer und Redakteur der Zeitschrift „Sprawa Robotnicza" (Sache der Arbeiter). Nicht einmal in einem schrecklichen Albtraum hätten die Warschauer Funktionäre sich vorstellen können, dass in diesen Hochburgen der sozialistischen Industrie eine „Spukgestalt" wie der Elektriker Lech Wałęsa erscheinen würde, die willens war, die „Sache der Arbeiter" ausgerechnet gegenüber der Polnischen Vereinigten Arbeiterpartei (PVAP) zu vertreten.

Die Gewerkschaft Solidarność als Gegenmacht

Die Streiks der Sommermonate 1980 hatten einen ähnlichen Ausgangspunkt wie die früheren Arbeitskonflikte. Die Regierung hatte wieder einmal, diesmal an einem Mittwoch, eine Preiserhöhung für Fleisch und Wurst beschlossen, ohne die Bürger vorzuwarnen. Obwohl diese Produkte in den Lebensmittelläden chronisch als Mangelware galten, bot man sie nun „auf kommerziellem Preisniveau" doppelt so teuer an. Die daraufhin landesweit beginnenden Arbeitsniederlegungen waren diesmal mit der Forderung verbunden, die Gehälter an die Teuerung anzupassen. Vielleicht wäre es sogar möglich gewesen, durch zähe Verhandlungen ohne Blutvergießen zu einer gütlichen Einigung zu kommen. Allerdings waren weder Polen noch seine Verbündeten in dieser Zeit mit den Verhältnissen zehn Jahre vorher vergleichbar.

Die Siebzigerjahre, die Ära Gierek hatte mit einem Aufbruch begonnen – Sinnbild dafür war die Rekonstruktion des im Krieg zerstörten Warschauer Königsschlosses. Die Preise blieben unangetastet bei gleichzeitiger Erhöhung von Löhnen und Renten, und die Lebensmittelläden boten ein reichhaltigeres Sortiment. Die Werften der Küstenstädte erhielten hauptsächlich Aufträge aus der Sowjetunion. Den bescheidenen Wohlstand des Landes finanzierte man aus großzügig gewährten Westkrediten, die sich auf annähernd zwanzig Milliarden Dollar beliefen. Die Blüte der Samisdat-Verlage und die Gründung von illegalen Gruppen wie dem KOR (Komitee zum Schutz der Arbeiter) schienen das System zunächst nicht besonders zu tangieren – Verhaftungen von „Rädelsführern" wie Jacek Kuron, Adam Michnik und Karol Modzelewski sollten die Opposition im Zaum halten. Dennoch kam diese Stabilität allmählich an ihre Grenzen: Die Dollarkredite verpufften in Fehlinvestitionen, die sowjetischen Energielieferungen stockten, und vor allem die Landwirtschaft litt an jahrzehntelanger Vernachlässigung und veralteten Strukturen. Die Subventionierung der wichtigsten Lebensmittel belastete den Staatshaushalt, aufgrund der sprunghaft gestiegenen Schuldenlast drohte nun die Staatspleite. Außerdem kam es im Herbst 1978 zu einem politischen GAU durch die Entscheidung des römischen Konklaves, Kardinal Karol Wojtyla (1920–2005) zum Papst zu küren – ein unschätzbarer Prestigegewinn für Polens katholische Kirche, wie gleich Anfang Juni 1979 in Warschau anlässlich der ersten Polenreise des neuen Papstes Johannes Paul II. sichtbar wurde.

Das wichtigste Moment der Sommerunruhen 1980 hing nicht einmal mit der Preiserhöhung zusammen, sondern mit

4. Juni 1979 – Papst Johannes Paul II. besucht Polen. Hier mit Edward Gierek, Erster Sekretär der Polnischen Vereinigten Arbeiterpartei.

alamy WAFGTB

Warschau, 1979.

einer Fehlentscheidung der Betriebsverwaltung der Leninwerft: Die Kranführerin Anna Walentinowicz wurde wegen Streikaktivitäten kurz vor ihrem Rentenalter entlassen. Als Reaktion darauf formte sich eine Protestbewegung, die zunächst von einem „Überbetrieblichen Streikkomitee" getragen wurde, das jedoch am 10. August 1980 einer neuen Organisation den Staffelstab übergab. Diese neue Formation verlangte vor allem die sofortige Rücknahme der Kündigung – ein kollegiales Ansinnen, für das man kaum ein besseres Wort als „Solidarität" finden konnte. Der Name entstand auf Vorschlag des Dissidenten und Historikers Karol Modzelewski. Der Danziger Grafiker Jerzy Janiszewski[2] entwarf den berühmten Schriftzug mit den marschierenden Buchstaben. Angesichts des Streiks, der sich nun wie ein Lauffeuer verbreitete, kapitulierte die Partei und unterzeichnete am 31. August in der Leninwerft den Forderungskatalog der Arbeiter, was de facto bedeutete, dass „Solidarność" als erste legale, unabhängige Gewerkschaft im Ostblock anerkannt wurde. Das Gesicht der Organisation war ein energisch wirkender, lachender Mann mit schwarzem Schnurrbart – Lech Wałęsa.

Der Durchbruch war historisch: Überall in Polen entstanden Gruppen und Institutionen der Gewerkschaft. Trotz des extremen Papiermangels erschienen überall unzensierte Zeitungen, Broschüren und Plakate. Mitgliedsausweise wurden gedruckt, deren Anzahl sich schon bald auf fast zehn Millionen belief – das Fünffache der eingeschriebenen Kommunisten. Die Gewerkschaft baute eine Infrastruktur auf: Büros, Nachrichtentechnik, hauptamtliche Mitarbeiter. Vorläufiger Höhepunkt war ein Kongress mit 900 Delegierten in der Danziger Sporthalle. All diese Aktivitäten waren mit Kosten verbunden, die nur zum Teil durch Mitgliedsbeiträge gedeckt werden konnten. Am Aufbau des finanziellen Backgrounds beteiligte sich vor allem der Vatikan. Am Geldfluss hatten offenbar westliche

---

2   Der renommierte Grafiker (geb. 1952) ging nach dem 13. Dezember 1981 ins Exil.

31. Juli 1980: Lech Walesa (m) inmitten streikender Werftarbeiter bei einer Kundgebung in Danzig.

Banken erheblichen Anteil. Jedenfalls verfügte die Arbeiterbewegung über eine stabile materielle Grundlage und über fast unbegrenzte Glaubwürdigkeit bei der Bevölkerung, aber ihre eigentliche Stärke lag in der Schwäche der Gegner, in der erodierenden Diktatur. Anders als 1956 und 1970 hatte die kommunistische Führung keine Chance mehr, durch personelle Änderungen Vorteile zu erlangen. Selbstverständlich musste Edward Gierek zurücktreten, aber der neue Chef Stanislaw Kania erwies sich nicht als Hoffnungsträger. Die „führende Rolle" der Partei war nur noch in der Exekutive sichtbar: in Gestalt der Armee, der Miliz und der Sicherheitsorgane.

Gleichzeitig war aber auch Solidarność nicht imstande, eine starke, stabile Position zu entwickeln. Als Interessensvertretung konnte sie mit Lohnforderungen gegenüber dem halbbankrotten Staat kaum etwas erreichen, da die Warendeckung für Gehaltserhöhungen fehlte oder nur auf dem Schwarzmarkt aufzutreiben war. Als Gegenmacht war sie außerstande, den an sie geknüpften Erwartungen zu entsprechen, denn ein Systemwechsel war völlig unrealistisch. Anstelle einer griffigen Programmatik und gesellschaftlichen Vision gab es innerhalb der Solidarność eine Mischung aus christlich und national gefärbtem Antikommunismus und Vorstellungen von einem Dritten Weg: Ein Sozialismus mit allen Vorteilen und ohne Nachteile wurde angestrebt. So funktionierte die Gewerkschaft als Druckausüber, der bei jeder Zuspitzung des Konflikts das Damoklesschwert über dem Staat vibrieren ließ. Zudem befand sich Polen keineswegs im luftleeren Raum.

31. August 1980: Ende des Streiks in der Lenin Werft, Danzig.

Das Problem der Sowjetunion

Am Ende der Siebzigerjahre war die Supermacht in einem Vorkrisenzustand. Der NATO-Doppelbeschluss von 1979 hatte eine neue Runde des Rüstungswettlaufs eröffnet, der für die UdSSR eine kaum erträgliche Belastung bedeutete – 20 Prozent ihres Budgets hingen direkt oder indirekt mit militärischen Ausgaben zusammen. Zusätzliche Kosten verursachte der im selben Jahr begonnene Einmarsch der Sowjetarmee in Afghanistan, eine Operation, die neben Milliarden von Rubeln auch Zigtausende sowjetische tote Soldaten forderte. Die Vernachlässigung der zivilen Produktion zog vor allem im Transportwesen, im Handel und im Konsum chronische Engpässe nach sich. Die Führungsriege litt an Überalterung und geistiger Trägheit, der Diplomatie mangelte es an Flexibilität.

Ein Eckpfeiler des ideologisch ausgerichteten Sowjetsystems war die sogenannte „sozialistische Staatengemeinschaft", ein mehr oder weniger enges Bündnis mit dem Warschauer Vertrag im Mittelpunkt. Die fünf Mitgliedstaaten dieser Organisation bildeten strategisch eine Verteidigungslinie entlang des Eisernen Vorhanges, weshalb in einigen von ihnen, nach offizieller Diktion „zeitweilig", sowjetische Truppen samt Technik und Infrastruktur stationiert waren. In der DDR waren es 500 000, in Polen 60 000, in der ČSSR 75 000 und in Ungarn fast 100 000 Soldaten und Offiziere. Die innere Stabilität der Verbündeten lag dem Kreml sehr am Herzen, und dafür griff die Sowjetregierung tief in die Tasche. Vor allem handelte es sich dabei um Energielieferungen weit unter dem Weltmarktpreis, aber zu Krisenzeiten auch um gelegentliche Warenlieferungen bzw. direkte Goldrubel- bzw. Dollarkredite. Ausgerechnet am Ende der Siebzigerjahre jedoch versiegten die Quellen dieser Großzügigkeit, vor allem die reichen Erdölressourcen.

Polen bereitete der Sowjetführung ständiges Kopfzerbrechen. Die Streiks vom Juli 1980 wurden mit einer Nachrichtensperre belegt: In Moskau wurden gleichzeitig die Olympischen Spiele durch Staats- und Parteichef Leonid Breschnew eröffnet. Das einzige polnische Ereignis, von dem die Leser der größten Tageszeitung Prawda in diesen Tagen erfuhren, war der Erfolg der Trickfilmserie „Lolek und Bolek". Auch später wurde das Unwort „Streik" gemieden bzw. durch Euphemismen wie „Unterbrechungen im Produktionsverlauf" ersetzt. Der Name Lech Wałęsa blieb bis Mitte Oktober ungenannt. Wer mehr wissen wollte, war auf die russischsprachigen Sendungen von BBC, Voice of America oder Free Europe angewiesen. Dabei waren sich die Genossen im Politbüro über die Tragweite der Geschehnisse im Klaren. Anatolij Tschernjajew, langjähriger Berater der KP-Spitze, schrieb in seinem Tagebuch: „Unser Volk weiß fast nichts davon, was in Polen passiert. Es wird erst etwas erfahren, wenn unsere Panzer dorthin geschickt werden." Und er fügte sorgenvoll hinzu: „Wenn aber die UdSSR das Jahr 1968[3] bei ihnen wiederholt, werden die Polen verzweifelt kämpfen. Die sind doch keine Schwejks[4]." Der unter höchster Geheimhaltung geführte Diskurs drehte sich 14 Monate lang darum, wie man Solidarność ohne sowjetische Intervention unterdrücken könnte. Ein militärisches Eingreifen lehnten die Mitglieder des Politbüros einvernehmlich ab:

ANDROPOW (KGB-Chef): *„Wir müssen die Linie verfolgen, dass unsere Truppen in Polen nicht einziehen. Wir dürfen nichts riskieren."*
USTINOW (Verteidigungsminister): *„Wir dürfen unsere Armee nicht in Polen einsetzen, die Polen würden das nicht akzeptieren."*

---

3   Die Invasion gegen die Prager Reformbewegung durch die Truppen des Warschauer Paktes.

4   Der brave Soldat Schwejk, Romanheld des Autors Jaroslav Hašek, wird oftmals als Symbol der angeblich passiven, unsoldatischen tschechischen Mentalität betrachtet.

GROMYKO (Außenminister): *„Ein Einmarsch in Polen ist unmöglich."*

SUSLOW (Chef-Ideologe): *„Wir sind uns in der Auffassung einig, dass von einem Einmarsch der Truppen keine Rede sein kann."*

Je mehr die Sowjetunion jedoch an dieser Doktrin festhielt, desto größer erschien das Risiko des „Verlustes" von Polen. Die Machthaber im Kreml hatten Angst, dass jeder weiterer Tag der „Doppelherrschaft" im Nachbarland Ähnliches in anderen Bruderstaaten auslösen, ja sogar in der Sowjetunion Arbeiterproteste generieren könnte. Es blieb also nichts anderes übrig, als über Briefe, Telefonate und persönliche Treffen Druck auf die polnische Führung auszuüben, wie dies bereits 1968, zur Zeit des Prager Frühlings, der Fall gewesen war. Allerdings galten damals der Prager Reformer Alexander Dubček und seine Anhänger, die ihren „Sozialismus mit menschlichen Antlitz" verteidigten, in den Augen des „Großen Bruders" als Verräter. Polens führende Kommunisten hingegen hatten sich keiner Ketzerei schuldig gemacht. Sie hatten panische Angst vor ihrem eigenen Volk und ließen sich nur sehr ungern auf das von den Sowjets immer deutlicher geforderte Kriegsrecht einstimmen, dessen Chancen sie zu Recht als ungewiss einstuften. Der greise, gebrechliche Breschnew versuchte in Telefonaten seine polnischen Duzfreunde Stanislaw Kania und Wojciech Jaruzelski aufzumuntern, wobei alle Gespräche nach demselben Muster verliefen: Der Sowjetführer las von einem Blatt Papier, die mit großen Buchstaben gedruckten Antworten auf Fragen ab, deren Inhalt er noch nicht kannte. Dem geistig nicht mehr sehr frischen Leonid Breschnew hat man auf einem Blatt Papier vorbereitete Antworten auf als wahrscheinlich erscheinende Bemerkungen der polnischen Gesprächspartner in die Hand gedrückt.

Schließlich ließ Moskau den Parteifunktionär Kania fallen. Man baute nun allein auf Jaruzelski, der neben seinem Amt als Verteidigungsminister auch Regierungs- und Parteichef wurde.

Vor allem aber war und blieb er ein Armeegeneral mit Vorfahren aus dem polnischen Adel, ähnlich wie Marschall Józef Piłsudski, der 1926 durch einen Staatsstreich die Alleinherrschaft in der Republik übernommen hatte mit dem Ziel, „den Staat zu sanieren". Nach langem Zögern akzeptierte Jaruzelski die ihm zugedachte Rolle und begann mit der Vorbereitung der Operation, ohne die sowjetischen Kollegen in die Einzelheiten eingeweiht zu haben. Diese wiederum versprachen dem Bezwinger der Solidarność alle nur erdenkliche Wirtschaftshilfe – kein zu hoher Preis dafür, dass ihnen dadurch eine sicherlich blutige Intervention erspart blieb.

Die katholische Kirche als Zünglein an der Waage

Im dramatischen Jahr 1981 kam es innerhalb eines Monats zu zwei Ereignissen, die die besondere Rolle der katholischen Kirche weltweit und insbesondere für Polen in den Vordergrund rückten. Am 13. Mai verübte der türkische Terrorist Mehmet Ali Ağca auf dem Petersplatz in Rom einen Anschlag auf den „polnischen Papst" Johannes Paul II. Die Beweggründe und auch die möglichen Auftraggeber des beinahe tödlichen Attentatsversuchs sind bis heute ungeklärt – damals verdächtigte man wahlweise den sowjetischen Geheimdienst oder die iranischen Fundamentalisten. Am 28. Mai war der legendäre 80-jährige Primas von Polen, Stefan Kardinal Wyszyński, ein leidenschaftlicher Antikommunist, gestorben. Der Heilige Vater verordnete von seinem Krankenbett aus 30 Tage Trauer und ernannte Józef Glemp, den Erzbischof von Warschau, zum Nachfolger.

Diese drei höchsten katholischen Würdenträger hatten ähnliche Ziele: Sie waren gleichzeitig Bürger der Volksrepublik Polen und eines weitaus größeren Gemeinwesens, des Gottesstaates. Als Polen erkannten sie die Tragweite der Solidarność-Bewegung, was sich bereits in den heißen Augusttagen in Form von Gottesdiensten in der Lenin-Werft niederschlug. Sie wussten, wie tief die religiöse und nationale Abneigung ihrer Landsleute gegenüber der atheistischen und von Moskau abhängigen kommunistischen Partei war. Sie kannten auch die Schwachstellen der einander abwechselnden Regierungen, die zur Folge hatten, dass die Partei keineswegs auf den Klerus als stabilisierenden Faktor verzichten konnte. Diese Konstellation prädestinierte die Kirche zu einer Mittlerrolle zwischen

Staat und Gesellschaft. Sie leistete der Solidarność seelischen Beistand und gegenständliche Hilfe, ohne deren Positionen zu teilen. Dies stand ihr als übernationaler Kraft auch nicht zu. Beiden Seiten gegenüber ging die Kirche in die Rolle der Beschwichtigung. Im März 1981 wurde eine genehmigte Sitzung der Solidarność im Rathaus von Bydgoscz von der Polizei gewaltsam aufgelöst. Dabei wurden mehrere Teilnehmer brutal zusammengeschlagen. Nun trat die Gewerkschaft mit einem Katalog von Forderungen auf – unter anderem beharrte sie auf einer sofortigen Untersuchung des Falles. Um der Sache Nachdruck zu verleihen, stellte sie einen unbefristeten Generalstreik in Aussicht. In diesem bedrohlichen Moment wandte sich der Primas Wyszyński persönlich an Wałęsa und erreichte bei ihm die Entschärfung des Ultimatums: So fand lediglich ein landesweiter Warnstreik von vier Stunden statt – immerhin mit 13 Millionen Beteiligten. Als Gegenleistung zeigte sich General Jaruzelski, Wyszyńskis anderer Gesprächspartner, kompromissbereit, und so gelang es, durch ein Abkommen die Eskalation des Konflikts abzuwenden. Józef Glemp setzte seinerseits ein positives Zeichen, als er im Herbst 1981 den Danziger Kongress der Solidarność mit einer feierlichen Messe eröffnete.

Insgesamt versuchte die Kirche, so etwas wie einen Minimalkonsens zu bewirken, ein Vorhaben, das am Widerstand beider Seiten scheiterte. Sowohl Jaruzelski als auch Wałęsa mussten auf ihre Anhängerschaft Rücksicht nehmen – der General auf die Betonköpfe der Partei und der Gewerkschaftsführer auf die Radikalen der Solidarność. Endlich kam es am 4. November 1981 zu einem Gipfeltreffen zwischen Glemp, Jaruzelski und Wałęsa, auf dem der General, der bereits alle Schlüsselpositionen besetzte, seine Vorstellungen von einer „Nationalen Verständigungsfront" erörterte. Eine Verständigung fand jedoch nicht statt und wurde offensichtlich seitens der Regierung auch nicht mehr angestrebt. Es ging nur noch darum, Zeit zu gewinnen. Die minutiös ausgearbeiteten, mit dem Code „Stunde W" versehenen Instruktionen zum

Staatsstreich warteten bereits darauf, in Kraft gesetzt zu werden: Der geheime Befehl befand sich in versiegelten Briefumschlägen, die nur auf ausdrückliche Anordnung geöffnet werden durften.

Danzig im April 1981: Lech Walesa und katholische Geistliche bei einem Festakt zum Gedenken an die Opfer der Unruhen von 1970 in Danzig.

Stele mit den 21 Solidarność-Forderungen in Danzig.

Der Putsch als zweifelhafter Sieg

Der Primas erhielt die Nachricht des Generals um fünf Uhr morgens am 13. Dezember 1981 – ein Zeichen höflichen Entgegenkommens. So verpasste Glemp nicht die Ansprache von Jaruzelski im Fernsehen. Dieser erschien auf dem Bildschirm in Uniform, hochdekoriert mit Auszeichnungen, im Hintergrund das Wappen und die polnische Nationalflagge – die einzige Fahne im Ostblock ohne kommunistische Symbolelemente. Die einstündige Rede war ausdrücklich patriotisch ausgerichtet: Worte wie „Sozialismus" und „sozialistisch" kamen in ihr siebenmal, Begriffe wie „Polen" und „polnisch" vierundzwanzigmal, das Wort „sowjetisch" einmal, „die Partei" kein einziges Mal vor. Appelliert wurde an das Nationalgefühl, und zwar im Namen eines „Militärrats der Nationalen Errettung" (WRON), praktisch einer Junta, die Polen als „Staatlichkeit" von der Katastrophe erlösen sollte. Selbst der Schlusssatz der Ansprache, Zeilen der Nationalhymne, suggerierte historische Reminiszenzen: „Noch ist Polen nicht verloren, / solange wir leben…"

Danach begann man mit der Unterdrückung der Streiks. Dabei handelten die Sondereinheiten der kasernierten Polizei ZOMO besonders gewaltsam, als sie im Bergwerk „Wujek" neun streikende Arbeiter erschossen. Polen stand nun vor einer Katastrophe und zwar in Gestalt des Kriegsrechts. 70 000 Soldaten, 30 000 Beamte der kasernierten Polizei sowie ein riesiges Aufgebot an Sicherheitskräften besetzten alle strategischen Punkte und Betriebe des Landes. Panzer rollten durch die Straßen, Hubschrauber kreisten in der Luft, Telefonverbindungen wurden abgeschaltet, Tankstellen verkauften kein Benzin an Privatpersonen. Bereits am ersten Tag wurden 3000 Menschen verhaftet, darunter leitendes Personal

Warschau, 3. Mai 1982.

der Gewerkschaft sowie die gesamte Führung der demokratischen Opposition. Lech Wałęsa wurde in verschiedenen leerstehenden Villen isoliert, wobei ihn seine Familie und einige Geistliche gelegentlich besuchen durften. Die meisten Festgenommenen brachte man in 49 vorbereiteten Internierungslagern unter. Für die ersten Tage wurden im ganzen Land ein allgemeines Alkoholverbot sowie eine nächtliche Ausgangssperre verordnet – beide Einschränkungen wurden zugunsten der Weihnachtsfeiertage aufgehoben. Mittelfristig bewirkte der WRON-Terror rund 10000 Verhaftungen sowie Massenentlassungen im akademischen Bereich. Hunderttausende Menschen gingen von den Behörden ungehindert ins Exil. Die „Landschaft nach der Schlacht[5]" bot ein Bild von Verzweiflung und Depression.

---

5   1970 produzierter Film des polnischen Regisseurs Andrzej Wajda (1926–2016).

Dennoch stellt sich die Frage, ob dieser brutale Angriff des Staates auf die Gesellschaft nicht doch das „kleinere Übel" war, wie es Primas Glemp in seiner Abendpredigt vom 13. Dezember bezeichnete. Im polnischen Nachwendediskurs schieden sich die Geister bei der Frage, ob General Jaruzelski das Kriegsrecht einführte, um einer sowjetischen Invasion vorzubeugen, wie er selbst behauptete, oder ob der Ausnahmezustand ausschließlich der kommunistischen Machterhaltung diente. Aus heutiger Sicht fällt eine eindeutige Antwort auf diese Frage schwer. Tatsache ist, dass der Militärputsch in den Augen der Welt als „polnische Angelegenheit" erschien: sowjetische Panzer wie 1956 in Budapest und 1968 in Prag, eine schwierige Hypothek für János Kádár und Gustav Husák, belasteten die Warschauer Machthaber zu keiner Zeit. Dieser Umstand ermöglichte Jaruzelski eine spätere Lockerung der Maßnahmen, die Freilassung der politischen Gefangenen und Internierten – nicht zuletzt auch die von Lech Wałęsa. Nun konnte Johannes Paul II. seine triumphale zweite „pastorale Reise" in die Heimat antreten, wo er sowohl mit dem General als auch mit dem zum „Privatmann" erklärten Arbeiterführer zusammentraf. Ende Juli 1983 wurde das Kriegsrecht schließlich in aller Form aufgehoben.

Obwohl die Einführung des Kriegsrechts technisch einwandfrei verlief, was auch an der Streikmüdigkeit der Bevölkerung lag, war das Kriegsrecht nicht imstande, die Probleme des Landes zu lösen: weder die rückständige Produktion noch den chronischen Versorgungsmangel und schon gar nicht die Staatsverschuldung. Außerdem konnte der Putsch die Gewerkschaftsbewegung und die politische Opposition niemals völlig zerschlagen: Die Solidarność agierte im Untergrund weiter. Die illegal gedruckte Literatur erlebte in den Achtzigerjahren einen einzigartigen Aufschwung. Die UdSSR und ihre Verbündeten hatten durch die Lokalisierung und Eindämmung nur ein wenig Zeit gewonnen. Kaum vier Jahre nach der fatalen Einführung des Kriegsrechts in Polen begann der Brand weiter zu schwelen, diesmal in der Führungsmacht UdSSR. Nicht zuletzt als Folge der Einsichten, die er aus der polnischen Krise gewonnen hatte, versuchte der neue Parteichef Michail Gorbatschow strukturelle Reformen durchzuführen – ein Vorhaben, das ohne sein Wollen den Zerfall des sowjetischen Imperiums und seiner Satelliten in Europa mit auslöste.

Literatur

Reinhold Wetter, *Polens eigensinniger Held*. BWV. Berlin, 2010.

Agnieszka Zagańczyk-Neufeld, *Die geglückte Revolution*. Schöningk, 2014.

Mieczysław Rakowski, *Es begann in Polen. Der Anfang vom Ende des Ostblocks*. Hoffmann & Campe, 1995.

György Dalos, *Aufruhr im Kommunismus*. Landeszentrale für politische Bildung Thüringen, Erfurt, 2015.

https://nsarchive2.gwu.edu/rus/Poland Crisis.html – National Security Archive, Suite 701, Gelman Library, The George Washington University

Miklós Mitrovits, *A remény hónapjai (Monate der Hoffnung)*. Napvilág Kiadó, Budapest, 2010.